BIOGRAPHIE

DU

GÉNÉRAL BARON SOURD,

COMMANDEUR DE LA LÉGION-D'HONNEUR,

PAR M. ROUSSELON,

EX-LIEUTENANT AU 90e RÉGIMENT DE CHASSEURS.

Paris,

IMPRIMÉRIE DE GUIRAUDET ET JOUAUST,
RUE SAINT-HONORÉ, 315.

1840

BIOGRAPHIE

DE

M. LE GÉNÉRAL BARON SOURD.

Le seul bras qui lui reste, il l'offre à sa patrie.

SOURD (le général baron), commandant des lanciers d'Orléans depuis la révolution de 1830, né en 1779 à Sigues, département du Var, entra au service à l'âge de treize ans, dans le bataillon des volontaires du Var, en 1792. Il fit sa première campagne en Italie, et mérita, par plusieurs traits de bravoure, d'être nommé maréchal des logis; malgré sa grande jeunesse, il était employé en cette qualité, pendant le siége de Gênes, dans les guides du général Masséna, qui l'honora d'une estime particulière. Ce grand capitaine ayant été enveloppé par quelques cavaliers autrichiens dans une sortie, le jeune sous-officier contribua puissamment à le dégager en faisant sur l'ennemi une charge victorieuse où il reçut une balle qui lui perça le corps. A peine guéri de cette blessure, il courut affronter de nouveaux dangers, et fut encore atteint d'un coup de feu à la cuisse au passage du Mincio, en l'an 9. Le général Murat, qui avait eu souvent l'occasion d'apprécier son mérite, le nomma, en 1803, sous-lieutenant au 7ᵉ régiment de chasseurs. En 1805, il fit avec ce régiment la campagne terminée par la victoire d'Austerlitz, où il se signala ; l'année suivante il se fit remarquer à Iéna, et fut promu au grade de lieutenant sur le champ de bataille par Napoléon lui-même. Deux coups de baïonnette qu'il reçut dans le bas-ventre en chargeant sur les Prussiens ne purent l'empêcher de chercher de nouveaux combats dans l'expédition de Mecklembourg, sous le général Savary. La campagne de Pologne, en 1807, lui offrit de nombreuses occasions de se signaler ; mais, le 8 février de cette année, à la bataille d'Eylau, ayant eu à lutter contre des forces supérieures, et ayant été frappé, dans l'action, de plusieurs coups de sabre et de lance, il tomba entre les mains des Russes, qui le gardèrent dix mois prisonnier. Il rentra dans son régiment comme adjudant-major, et devint capitaine bientôt après, le 1ᵉʳ juillet 1808. Il se distingua à la tête de sa compagnie, en 1809, aux batailles d'Eckmuhl, Ratisbonne, Raab, Essling et Wagram, où il eut plusieurs chevaux tués sous lui ; il obtint alors la décoration de la Légion-d'Honneur, et fut proposé, à l'unanimité, pour le grade de commandeur dans l'ordre des Trois-Toisons, par les officiers de son régiment, qui le reconnurent authentiquement le plus brave d'entre eux : c'était une condition exigée par le décret impérial rendu à Schœnbrunn, en 1809, sur l'établissement de cet ordre. A l'ouverture de la guerre contre la Russie, en 1812, il fut nommé chef d'escadron dans une revue que passa Napoléon. Ce grade lui permettant de déployer les talents militaires qu'il avait acquis par l'expérience et en raisonnant les opérations des grands capitaines de l'antiquité et des temps modernes, sa conduite, où la prudence s'alliait au courage, fixa l'attention des généraux du deuxième corps, dont son régiment faisait partie.

Il fut chargé de plusieurs missions délicates et de plusieurs reconnaissances importantes, et surpassa toujours l'attente qu'on avait conçue de lui par son zèle, son activité et l'habileté de sa tactique. A l'affaire d'Ismolon, près Walensoux, il manœuvra avec deux escadrons, sur la droite d'une rivière occupée par les Russes, de manière à leur interdire l'accès du pont, dont un ravin les séparait, et les culbuta dans ce ravin toutes les fois qu'ils osèrent le franchir. Les deux armées furent spectatrices de cette affaire, qui excita l'étonnement de l'une et les acclamations de l'autre, et qui valut à l'intrépide Sourd l'honneur d'être complimenté et embrassé par tous les officiers de la brigade du général Corbineau. Le 18 août, il enleva aux ennemis plusieurs canons qu'ils venaient de prendre sur un corps français.

Le 19 octobre, ayant été envoyé par son ami, le brave colonel Saint-Chaman, avec deux cents chevaux, sur la rive gauche de la Dwina, que les Russes avaient passée à deux lieues au dessous de Poltosk, il parvint, par l'audace et la combinaison de ses manœuvres, à couper un corps de deux mille hommes, auxquels il fit mettre bas les armes, et qu'il amena prisonniers avec leur artillerie. Il reçut, dans ce glorieux succès, une blessure sur le bras droit. Cinq jours après, à la tête de deux escadrons, il arrêta, dans un défilé, huit cents cavaliers ennemis, et en amena trois cents prisonniers, avec deux canons et leurs caissons. La brigade Corbineau étant arrivée à la Bérésina, et ayant trouvé Borizoff, lieu désigné pour le passage de la rivière, au pouvoir des Russes, elle fut obligée d'aller plus haut, et arriva à minuit à un endroit qu'on supposait guéable. Le brave Sourd appelle alors des hommes de bonne volonté pour passer avec lui, il ne reçoit point de réponse ; mais pensant que son exemple va entraîner tout le monde, il s'écrie : « En avant ! par quatre ! » s'élance le premier au milieu des flots, et parvient à la nage sur le bord opposé. Trois jours après, cette brigade ayant rencontré l'empereur, qui revenait de Moscou, elle rétrograda vers la même rivière, et ce fut encore le chef d'escadron Sourd qui la traversa le premier à la tête de son régiment, de la même manière, sous les yeux de Napoléon, à l'endroit même où Charles XII l'avait passée cent trente-cinq ans avant, lorsqu'il volait à la conquête de la Russie. M. le comte de Ségur dit, dans son Histoire de la campagne de Russie, 1812 : « Napoléon » arriva sur le bord de la Bérésina, montra la rive » opposée au plus brave ; le chef d'escadron Sourd » passa la rivière à la nage, à la tête du 7e de chas- » seurs, chacun de ses braves cavaliers portant der- » rière lui un voltigeur. » Son activité et sa valeur ne se démentirent pas un seul instant pendant tout le temps de la retraite. Placé à l'arrière-garde, il contint, dispersa ou écrasa des nuées de Cosaques ; chargé des expéditions les plus difficiles, il s'en acquitta avec un succès inespéré ; et lorsque les débris de notre armée eurent trouvé quelque repos sur les rives de l'Elbe, il n'y eut pour lui aucun moment d'inaction.

Le lendemain de la malheureuse affaire de Janer (26 août 1813), le général Sébastiani le fit appeler pour lui demander s'il voulait rendre un service des plus importants à nos troupes en allant de Cobert à Haino avertir le général Marchand, dont la division était oubliée, de se retirer sur Bausloo ; et, sur sa réponse affirmative, il mit à sa disposition tous les hommes qu'il pouvait juger nécessaires afin d'assurer le succès de cette entreprise. Mais le chef d'escadron Sourd aima mieux partir seul, et, parvenu auprès du général Marchand après avoir parcouru

une distance de six lieues à travers les colonnes ennemies, il devint ainsi l'auteur de la conservation
de plusieurs milliers de braves qui étaient en danger d'être surpris. Un dévoûment si grand et des
services si multipliés méritaient une récompense
éclatante. L'empereur le nomma colonel du 20° régiment de chasseurs, malgré son peu d'ancienneté
dans le grade de chef d'escadron, en disant que nul
n'en était plus digne par ses talents et son courage;
et, croyant n'avoir pas assez fait, il lui conféra, peu
de temps après, à la revue de Dresde, le titre de baron d'empire. Le colonelbaron Sourd prouva sa reconnaissance par de nouveaux exploits. Le 16 octobre, à Leipsick, ayant reçu ordre du brave général
Excelmans de franchir un ravin placé entre les
Français et les Autrichiens, il exécuta cet ordre
avec tant de précision et de rapidité, qu'il culbuta
en un instant cavalerie, infanterie et artillerie de
l'ennemi, s'empara de la redoute de Gustave-Adol-
phe, position qui dominait toute la plaine, et fit
plusieurs charges victorieuses sur les troupes en-
voyées pour la reprendre, ce qui donna le temps au
maréchal Macdonald d'aller s'y établir. Etant d'a-
vant-garde en marchant sur Guenahausen, il surprit
l'infanterie ennemie, qui venait de couper un pont
et était près d'en couper un second. Il s'élança sur
elle, la mit en déroute, et sauva ce pont, qui offrait
un passage à l'empereur et à toute son armée. La

nuit qui précéda la bataille de Hanau, il fut chargé d'aller reconnaître les forces et les positions ennemies, et son rapport, fait de la manière la plus précise et la plus positive, détermina l'attaque du lendemain, où les Bavarois reçurent un terrible châtiment de leur trahison ; c'est sur le champ de bataille de Hanau que le colonel Sourd fut nommé, par Napoléon, officier de la Légion-d'Honneur. Arrivé sur le bord du Rhin, le commandement du général Morin lui fut confié : cette brigade appartenait à la division du général Excelmans, dans le corps du maréchal Macdonald. Il se maintint avec elle pendant trois mois auprès du fleuve, et quand l'ennemi eut effectué son passage au moment où l'armée opérait sa retraite, il alla l'attaquer à l'improviste entre Clèves et Cunebourg, à la tête de quatre cents chevaux, et lui fit éprouver une perte considérable tant en hommes qu'en chevaux, sans avoir à regretter celle d'aucun des siens, quoiqu'il eût parcouru vingt lieues en seize heures. Il suivit ensuite le mouvement de retraite du général Excelmans jusqu'à Châlons-sur-Marne ; à la chaussée, commandant huit escadrons de différents régiments, il contint sur la gauche d'un ravin des forces très supérieures, pendant que, sur la droite, le corps d'armée était poursuivi, et il termina la journée par plusieurs charges brillantes. Après avoir quitté Châlons-sur-Marne, se trouvant séparé de sa division par une troupe innombrable de cavalerie prussienne, il se retira en bon ordre sur Bergère, par une marche circulaire de huit lieues, sans perdre un seul homme ni un seul cheval. A La-Ferté-sous-Jouarre, toujours en tête de sa brigade, composée des 6ᵉ lanciers, 9ᵉ hussards, 20ᵉ, 23ᵉ et 24ᵉ chasseurs, il parvint à maintenir de l'autre côté du défilé toute la tête de la colonne de Blucher, donnant ainsi au corps d'armée le temps de se retirer, et ne s'éloignant lui-même de ce lieu, malgré l'ordre qu'il en avait reçu et une blessure dont il venait d'être atteint à la main droite, qu'après avoir entièrement assuré le succès de cette importante opération. A Saint-Fiacre, près de Meaux, il surprit et culbuta deux régiments de cavalerie russe qui étaient au bivouac. A Vauchamp, à Montmirail et à Champ-Aubert, il fut signalé comme un des colonels qui avaient le plus contribué à l'honneur de ces trois journées. A Ligny, en avant de Troyes, il passa à la tête de sa brigade le pont de la Guillottière, défilé très difficile, en présence de dix mille Autrichiens, sur lesquels il fit une charge vigoureuse où il prouva au général Nansouty qu'il n'était pas moins prudent que brave. La veille de la bataille d'Arcis-sur-Aube, poussant une reconnaissance sur la vieille route, il découvrit que l'ennemi avait près de cent mille hommes de l'autre côté de la ville, et il courut rendre compte au général Morin de cette découverte, qu'on jugea très importante. Il eut alors à soutenir plusieurs attaques de cavalerie ennemie, qu'il sut tenir en respect. Après avoir passé la nuit dans un des faubourgs de Bar, il se retira en bonne contenance, le lendemain matin, auprès du corps d'armée établi à deux lieues de là. Détaché à une lieue à gauche du pont de la Guillottière, devant Troyes, avec sa brigade et deux mille fantassins de la jeune garde, sous les ordres du général Rotersbourg, il occupait une position avantageuse, vers laquelle l'ennemi dirigeait tous ses efforts, et qu'il était parvenu à déborder sur la gauche par une nombreuse cavalerie. Le colonel Sourd ne se borna point à soutenir des assauts multipliés ; il fit mieux : il dégagea l'infanterie, qui était déjà enveloppée, et lui ménagea une retraite par un défilé qu'il avait fait reconnaître, et dont il défendit les avenues jusqu'à ce que le passage eût été effectué. Heureusement après cela, ayant aperçu la cavalerie ennemie qui venait de déboucher sur un autre point, contre le grand parc, d'où elle chassait quelques escadrons de cuirassiers, il fondit rapidement sur elle, et, par une charge intrépide qu'appuyèrent ces cuirassiers, ralliés en un instant à sa vue, il la mit en déroute et sema la mort dans les rangs culbutés. A la Saussole, il rendit des services signalés pendant la retraite, opérée de nuit, au milieu des bois, devant des forces bien supérieures. Après la bataille d'Arcis-sur-Aube, il entra en partisan à Bar-sur-Ornain, avec quatre cents chevaux, rencontra une troupe russe dans les rues de cette ville, la battit complétement, et lui fit bon nombre de prisonniers, parmi lesquels se trouva un major porteur de dépêches importantes qui, transmises sur-le-champ à l'empereur, l'instruisaient de la marche de l'ennemi sur Paris et des intrigues ourdies par les traîtres qui livrèrent cette ville. L'empereur donna ordre au major-général Berthier d'écrire au colonel Sourd qu'il était très content de sa manœuvre. Tels sont les principaux faits d'armes qui distinguèrent si éminemment le colonel Sourd pendant l'époque la plus glorieuse de nos fastes militaires. Lorsque l'empereur était à Fontainebleau, le colonel Sourd avait passé la Seine à Melun, où il fit plusieurs charges victorieuses sur les Russes, qui voulaient prendre cette ville; obligé de se retirer contre des forces bien supérieures, il fit couper le pont par ordre du général en chef. Le lendemain, le général commandant le corps d'armée passa la Seine dans une barque pour aller conférer avec les Russes (le maréchal Marmont venait de déserter avec son corps d'armée, et de livrer la capitale aux ennemis). Le colonel Sourd, croyant que le général qui avait passé la Seine trahissait aussi l'empereur, lui dit, en présence de tous les officiers, qu'il le tuerait s'il pensait qu'il fût capable d'abandonner la cause sainte de la patrie. Le général lui dit : « Sourd, vous avez le ca-

» ractère spartiate. — Oui, lui répondit le colonel
» Sourd ; il faudrait que vous fussiez tous comme
» moi, alors le grand Napoléon ne serait pas lâche-
» ment abandonné et trahi ; l'empereur est l'arbre,
» vous n'êtes que les feuilles : s'il tombe, vous pour-
» rirez. »

A la première restauration, il fut décoré de la
croix de Saint-Louis par le duc de Berri, juste appré-
ciateur d'une si belle illustration guerrière, et il fut
nommé colonel du régiment de lanciers de la reine.
C'est à cette époque que l'illustre maréchal Maison
dit à M. le général Dupont, alors ministre de la
guerre : « Vous ne voulez pas donner le 2ᵉ régiment
» de lanciers au colonel Sourd ; celui que vous vou-
» lez nommer à sa place a moins de mois de service
» que le brave Sourd n'a tué d'ennemis de sa main,
» devant moi. » Le colonel Sourd organisa son nouveau régiment, auquel concourut celui des chasseurs
qu'il commandait. Le choix qu'on fit de lui, en cette
circonstance, fut uniquement déterminé par le mérite personnel, qui l'emporta, à bon droit, sur les
prétentions d'une foule de concurrents très protégés
à la cour. Lorsque Napoléon revint de l'île d'Elbe,
le colonel Sourd, alors en garnison à Sedan, vit se
former cette révolution sans y prendre part ; ce ne
fut que quelque temps après le départ des Bourbons
qu'il consacra de nouveau ses services à l'empereur,
ou plutôt à la patrie : car c'était elle qui s'offrait tou-

jours la première à sa pensée, et qui était l'objet de son héroïque dévoûment. Il reçut ordre d'assister au Champ-de-Mai, et de se rendre auprès de l'empereur, qui voulait lui donner des instructions particulières. Il obéit, et parut à la cour pour la première fois. L'empereur, le prenant par la moustache, lui dit : « Sourd, vous avez à faire beaucoup pour faire » re autant que votre réputation. » Sourd répondit : « Sire, j'espère faire plus, et, vivant ou mort, vous » serez content de moi. » Vingt-quatre heures après, il alla rejoindre son régiment, placé en avant de Rocroi, en présence des Prussiens. A l'ouverture des hostilités, il reparut avec toute son énergie et son habileté sur le théâtre de la guerre, à la journée de Fleurus; et la gloire dont il se couvrit à Saint-Amand, en chargeant sur les Prussiens, ne peut être surpassée que par celle qu'il acquit à Waterloo, le 17 mai 1815. En ce jour mémorable, ayant reçu l'ordre du comte Lobau de charger sur l'infanterie anglaise, placée en deçà de Jemmapes, dans une position avantageuse et garnie de pièces d'artillerie, il la tourna aussitôt par sa droite, culbuta les hussards hanovriens, qui accouraient pour la défendre, et les fit poursuivre par un de ses escadrons, tandis qu'avec le reste de son régiment il poussait vivement ceux des ennemis, qui étaient sur la route de Bruxelles. Cette nouvelle opération venait de lui être commandée par le général Corbineau, aide de camp de l'empereur ; mais , au milieu de son succès , un contre-ordre subit le rappela sur la route de Jemmapes , pour appuyer le 1er régiment de lanciers. Obligé de se replier devant des forces importantes, il traversa ce bourg au grand trot avec ses pelotons rompus par quatre , afin de faciliter sur la gauche la retraite du 1er régiment de lanciers ; et , disposant ensuite , avec la plus grande promptitude , ses braves en ordre de bataille, il repoussa les Anglais étonnés jusqu'à leurs masses, près Waterloo. S'étant alors aperçu que son mouvement n'avait été suivi ni appuyé par aucun régiment , il revint en bon ordre à Jemmapes ; mais il y trouva le défilé rempli de cavaliers anglais, qu'il chargea de la manière la plus vigoureuse. Le colonel anglais le somma de se rendre ; le colonel Sourd lui répondit en lui passant son sabre au travers du corps, ainsi qu'à tous les téméraires qui osèrent l'approcher, après avoir ordonné sur-le-champ le demi-tour à sa troupe. Les prodiges de valeur qu'il fit en cette circonstance ont attaché à son nom une célébrité populaire ; les historiens les ont célébrés, les peintres les ont retracés sur la toile ; les sublimes pinceaux d'Horace Vernet et de Langlois ont représenté dans la mêlée le colonel Sourd , qui vient de renverser à ses pieds un colonel ennemi, avec plusieurs soldats , et qui combat encore avec intrépidité, quoique atteint de six coups de sabre, dont l'un ne lui laisse pas l'usage du bras droit. Ces beaux traits ne sont point de l'imagination du peintre; il n'a fait que reproduire l'exacte vérité. Le colonel Sourd agit alors tel qu'il paraît dans le tableau, et lorsque, affaibli par la perte de son sang, il lui fut impossible de porter de nouveaux coups à ses adversaires, il se fit placer sur une borne élevée au bord du chemin, et par sa présence et ses cris, il ne cessa d'animer ses braves lanciers à la victoire. L'empereur, qui passait non loin de là, ayant appris que le colonel Sourd avait été mis hors de combat, en témoigna son regret, en disant : « Quelle perte que celle d'un tel brave ! » et le nomma maréchal de camp sur le champ de bataille de Waterloo. Le colonel Sourd, en apprenant sa nouvelle promotion, écrivit aussitôt à l'empereur en ces termes :

« Sire,

» Dans la charge que mon régiment vient d'exé-
» cuter sur les Anglais, j'ai reçu six coups de sabre,
» dont trois sur le bras droit, qui ont nécessité l'am-
» putation de ce membre, que M. Larrey, chirurgien
» en chef de l'armée, m'a faite. Sire, je vous dois
» beaucoup, mais la plus grande faveur que vous
» pouvez me faire est celle de me laisser colonel de
» mon régiment de lanciers, que j'espère reconduire
» à la victoire. Le général Domont vient de me dire

» que je suis nommé général; je refuse ce grade. Que
» le grand Napoléon me pardonne! Le grade de co-
» lonel est tout pour moi.

» Je suis, de Votre Majesté, le plus dévoué et le
» reconnaissant de ses fidèles serviteurs.

» 18 juin 1815.

« *Le Colonel commandant le 2ᵉ régiment de lanciers,*

» *Signé* Baron SOURD. »

Le colonel Sourd fut amputé du bras droit quelques moments après, par le baron Larrey; et ce
bras, un des plus terribles de l'armée française, fut
enterré avec les honneurs militaires par son régiment, sur le champ de bataille de Waterloo. Une
heure après l'amputation, le colonel Sourd remonta
à cheval et fournit une nouvelle charge sur les Anglais; puis, après, se retira, à la tête de ses braves,
à l'armée de la Loire. Cet homme intrépide fit deux
cents lieues à cheval, partant de Waterloo pour sa
nouvelle destination, à Auch, département du Gers;
c'est ainsi qu'en route ses blessures se cicatrisèrent.
On doit attribuer la conduite extraordinaire du colonel Sourd à sa force physique et à son grand caractère, qui ne l'ont jamais abandonné. Arrivé à
Auch, il mérita la reconnaissance des habitants de
cette ville, en apaisant, par sa seule présence, une
querelle très sérieuse qui s'était élevée entre eux et

ses lanciers. Les Espagnols ayant fait une irruption
sur le territoire français, le colonel Sourd, à qui le
préfet d'Auch, M. de Vérigny, en donna avis à minuit, partit sur-le-champ avec ses braves pour aller
les repousser; mais ils s'étaient retirés avant son arrivée, d'après une injonction que leur avait faite
S. A. R. le duc d'Angoulême. Il retourna à Auch,
où il resta jusqu'à ce que le licencîment de l'armée
fût terminé. Sur ces entrefaites, le duc d'Angoulême, passant dans cette ville, lui demanda s'il voulait continuer à servir le roi et la patrie. Il répondit
que ses blessures l'avaient mis dans le cas de la retraite, mais qu'elles ne l'empêcheraient pas de reprendre un service actif si la France avait encore la
guerre, et qu'alors il solliciterait l'honneur de ver-
ser encore son sang pour elle. Fidèle à sa promesse,
il offrit ses services pour la dernière expédition
d'Espagne, et le prince généralissime, charmé de
cette noble conduite, chargea le général Guilleminot
de lui en témoigner sa satisfaction par une lettre
extrêmement flatteuse, datée du quartier-général
de Madridjor, le 27 octobre 1833. Le colonel Sourd
vivait retiré de la carrière des armes, où ses forces
physiques, son courage et ses talents, devaient le
faire reparaître avec éclat, lorsque les mémorables
journées de juillet vinrent révéler au colonel Sourd
qu'il était arrivé le temps de régulariser le zèle et le
patriotisme de cette belle jeunesse, à la tête de la-

quelle il venait de marcher pour abattre le despotisme. Le gouvernement l'appela, étant reconnu pour un de nos meilleurs officiers de cavalerie, à l'organisation du régiment de lanciers d'Orléans, et déjà ce beau corps est tellement discipliné et exercé, que nous pouvons assurer d'avance que, devant l'ennemi, il déploierait le même ensemble, le même enthousiasme que les immortels Polonais, desquels il porte l'uniforme et partage le patriotisme.

Son régiment organisé fut passé en revue par le roi, au Champ-de-Mars, le 1er mars 1831. Ce régiment de lanciers, fort de douze cents hommes montés, bien équipés, était sans contredit, à cette époque, le plus beau et le plus national de France. Le colonel Sourd fut nommé général, sur la proposition de l'illustre maréchal Soult, le jour de la revue, par le roi des Français ; il fut aussi nommé au commandement de Tarn-et-Garonne par le même maréchal, où il a fait la conquête de l'estime publique par sa conduite et son caractère, qui est ferme, juste et modéré. C'est à cette époque, le 30 avril 1836, qu'il fut nommé commandeur de la Légion-d'Honneur.

On ne peut s'empêcher de relater, à la suite de la biographie de ce brave, les articles publiés par les *Fastes de la Gloire*, premier volume ; *Victoires et conquêtes, Biographie des Contemporains, Couronnes civiques*, et les *Mémoires de M. Fleury de Chaboulan*, de 1815, ainsi que les articles des différents journaux depuis la révolution de juillet 183o, qui font connaître la popularité dont jouit à juste titre ce brave officier général.

———◦———

FASTES DE LA GLOIRE (1er volume).

Sourd (Jean-Baptiste), baron, officier de la Légion-d'Honneur. A la bataille de Waterloo, où les traits de l'héroïsme français furent si multipliés, l'intrépide colonel Sourd, dont la vie militaire se compose d'une série continuelle d'actions d'éclat, mit le comble à sa réputation militaire. Toujours le dernier dans la retraite comme le premier dans l'attaque, cet officier, qui, au premier choc, avait détruit les hussards anglais, se trouve tout à coup placé à une assez grande distance de sa troupe, dont il veut protéger le ralliment. Un escadron anglais l'entoure. Seul contre tous, il tue les plus audacieux ; comme une bombe, il éclate au milieu d'eux; vingt sabres s'élèvent à la fois sur lui, il va périr... Son régiment l'aperçoit, les Anglais sont renversés; mais, écharpé en trois endroits, le bras droit du colonel Sourd est amputé sur le champ de bataille de Waterloo. Les lanciers s'en saisissent religieusement: tous le suivent pour la dernière fois, l'escortent dans un morne silence, et vont le porter au tombeau qu'ils ont creusé ; la douleur et le respect l'y placent, et recouvrent de larmes et de terre rougie du sang des

Anglais ce bras, l'un des plus terribles de l'armée française.

⬥

VICTOIRES ET CONQUÊTES.

Sourd (Jean-Baptiste), baron, colonel du 2ᵉ régiment de lanciers, officier de la Légion-d'Honneur, né à Sigue (Var), le 14 juin 1779, entra dans le 1ᵉʳ bataillon du Var, le 6 février 1792; a été nommé colonel, le 28 septembre 1813, sur le champ de bataille de Dresde, après avoir passé successivement par tous les grades inférieurs. Cet officier, dont la vie est une suite continuelle de belles actions, a fait toutes les campagnes de la république et de l'empire, a été blessé au siége de Gênes: il était alors maréchal des logis dans les guides de l'armée d'Italie, sous les ordres du grand Masséna. Blessé au passage du Mincio, à Iéna, de deux coups de baïonnette dans le ventre en entrant dans un carré prussien, il fut nommé lieutenant sur le champ de bataille par l'empereur Napoléon. Blessé à la bataille d'Eylau en 1807, à Pototsk, en Russie, en 1812, à La Ferté en 1814, sous les ordres du maréchal Macdonald, où, malgré sa blessure, il resta à la tête de sa brigade, composée des 20ᵉ, 7ᵉ, 4ᵉ, 24ᵉ chasseurs, et 6ᵉ lanciers. C'est à la tête de ces régiments qu'il fit les brillantes charges de Vauchamp et Montmirail; il était de ces immortelles batailles sous les ordres de l'illustre maré-

chal Grouchy. Il fit toute la campagne de France de
1814 à la tête de sa brigade. Blessé de six coups de
sabre à la bataille de Waterloo à la tête du 2ᵉ régiment de lanciers, il subit l'amputation du bras droit,
et remonta aussitôt après à cheval, et ordonna une
nouvelle charge sur les Anglais. Après nos désastres
de Waterloo, il conduisit son régiment de l'autre
côté de la Loire, dont il conserva le commandement
jusqu'au licencîment. Il est aujourd'hui en non-ac-
tivité.

BIOGRAPHIE NOUVELLE DES CONTEMPORAINS.

SOURD, colonel du 2ᵉ régiment de lanciers, officier de la Légion-d'Honneur. Cet officier, dont la vie
militaire se compose d'une longue série d'actions
d'éclat, se couvrit de gloire à la bataille de Waterloo, où les traits de l'héroïsme français furent si
multipliés dans l'armée. Le colonel Sourd, qu'on
était habitué à voir toujours le premier à l'attaque
et le dernier à la retraite, avait dès le premier choc
culbuté et mis en pleine déroute les hussards anglais,
lorsque, tout à coup, se trouvant à une grande distance de sa troupe, il fut entouré par un escadron
ennemi. Seul contre tous, ce brave guerrier, que
le danger de sa position ne peut intimider, tue ou
blesse les plus audacieux de ceux qui l'approchent.
Cependant vingt sabres sont de nouveau levés à la

fois sur lui. Il se défendit comme un lion. Mais un escadron de son régiment vient à son secours, renverse et détruit l'escadron anglais. Dans la lutte si inégale que le colonel venait de soutenir, il avait reçu au bras droit trois blessures tellement graves, qu'elles nécessitèrent l'amputation, qui fut faite sur le champ de bataille de Waterloo. Des lanciers se saisirent aussitôt, avec une sorte de vénération, de ce bras, que tous escortèrent, en gardant un morne silence, jusqu'à la fosse qu'ils avaient creusée pour l'y déposer : hommage pieux et guerrier digne de ce temps d'héroïsme. Le colonel Sourd fut mis à la retraite après la seconde restauration.

COURONNES CIVIQUES.

.... Si jamais on rend hommage à vos pareils, invincibles guerriers de l'armée française, et vous, brave colonel Sourd, dont le bras droit est tombé sous les sabres ennemis à la bataille de Waterloo, après avoir porté les coups les plus terribles aux Anglais.

M. FLEURY DE CHABOULAN
(MÉMOIRES DE 1815).

L'intrépide colonel Sourd culbuta les Anglais jusqu'à la forêt de Soigne, où lord Wellington rassembla son armée. Sans l'arrivée des Prussiens, c'en était fait de l'armée anglaise, et malgré la trahison et la désertion de quelques misérables, nous étions maîtres du monde. Jamais l'empereur Napoléon n'avait fait de plus belles dispositions. Quelques traîtres de moins, la grande nation avait raison de ses ennemis.

CONSTITUTIONNEL.

Paris, 21 mars 1834.

Le roi vient de nommer au commandement du département de Tarn-et-Garonne le brave général Sourd, le même qui reçut plusieurs coups de sabre sur le bras droit à la bataille de Waterloo, à la tête du 2ᵉ régiment de lanciers, en chargeant sur les Anglais, et qui, par suite de cette mutilation, eut le bras amputé en présence de son régiment, et en reprit aussitôt le commandement. Le général Sourd, poursuivi par la restauration, est resté sans emploi jusqu'à la révolution de juillet. Le choix qu'on vient de faire en lui est aussi honorable pour le pouvoir que pour la personne de cet officier général.

L'ÉMANCIPATION.

Toulouse, 12 avril 1837.

Par suite de la mort du lieutenant général Gentil-

Saint-Alphonse, le commandement provisoire de la 10ᵉ division militaire a été déféré à M. le maréchal de camp baron Sourd, commandant la subdivision de Tarn-et-Garonne.

Nous reprenons plaisir à retracer la vie militaire du général Sourd, qui est sans doute une des mieux remplies parmi tant d'existences de dévoûment et de courage, dont notre état-major impérial abonde.

En 1792, à la menace de l'invasion du territoire français, le général, alors âgé de treize ans, entra au service comme volontaire dans un régiment de cavalerie. Dans la campagne de Suisse, sous la république, il fut blessé à Gênes (au siége) par une balle qui lui traversa le corps ; il était alors maréchal des logis dans les guides de l'armée d'Italie. Quelque temps après, au passage du Mincio, il fut de nouveau blessé d'un coup de feu à la jambe. A Iéna, il reçut deux coups de baïonnette dans le bas-ventre, et fut nommé lieutenant au 7ᵉ chasseurs à cheval par l'empereur, sur le champ de bataille. Il passa capitaine à Eylau, où il reçut plusieurs coups de sabre et un coup de lance. Avant la campagne de Russie, Napoléon le nomma chef d'escadron sur les bords de la Vistule. L'affaire de Polach lui valut une blessure. A Dresde, il fut fait colonel du 20ᵉ régiment de chasseurs par l'empereur, sur le champ de bataille. Lors de l'héroïque campagne de France, à La Ferté-sous-Jouarre, le colonel Sourd fut blessé d'un coup de feu à la main droite. A Montmirail et à Champ-Aubert, il commandait six régiments de cavalerie, avec lesquels il exécuta des charges qui tenaient du prodige. Il se signala à Waterloo par un trait de bravoure et de stoïcisme qui appartient à l'histoire : blessé de six coups de sabre, dont trois avaient nécessité l'amputation du bras droit ; le colonel Sourd, une heure après cette douloureuse opération, remonte à cheval, reprend le commandement de son régiment et ordonne une nouvelle charge. L'empereur récompensa cet admirable héroïsme par le grade de maréchal de camp. Après le funeste revers de Waterloo, le brave colonel Sourd reconduisit son régiment derrière la Loire ; c'est à Auch qu'il fut licencié.

Le colonel Sourd resta sans emploi pendant la restauration. Après les journées de juillet, il alla porter des proclamations au milieu des gardes royales à Versailles, à Saint-Cyr, et fit arborer le drapeau tricolore dans ces deux villes. A son retour, il organisa le régiment de lanciers d'Orléans. A la revue du Champ-de-Mars, le roi le nomma général, et l'appela quelque temps après au commandement du département de Tarn-et-Garonne, où il a su se concilier, par des mœurs douces, par l'aménité de son caractère, par son esprit de justice, l'estime de tous les partis et l'affection de tous ceux qui ont eu le bonheur de le connaître.

GAZETTE DU LANGUEDOC.

Montauban, 25 juin 1838. (Correspondance particulière

M. le général baron Sourd, commandant le département, vient d'être mis en disponibilité. Cette décision ministérielle a été accueillie à Montauban par une désapprobation générale, et par les regrets de la population entière. Pendant quatre ans, le général Sourd avait su se concilier l'estime de toutes les classes de la société : populaire sans bassesse, religieux sans ostentation, ennemi des coteries, et respectant toutes les opinions, il s'opposa toujours avec vigueur à l'injustice et à tout acte arbitraire. Ces vertus, si rares dans ceux qui nous gouvernent, n'ont pu lui épargner une retraite prématurée : car le général Sourd, quoique privé d'un bras, perdu à Waterloo, est encore dans toute l'énergie de son âge, et aurait pu rester à Montauban pour y continuer son autorité, dont la sagesse laissera de longs souvenirs.

ARTICLE EXTRAIT DE LA CIRCULAIRE

ADRESSÉE PAR LES

ÉLECTEURS DE L'ARRONDISSEMENT DE MONTAUBAN,

Et insérée dans le National du 29 octobre 1837,
concernant le député à élire dans l'arrondissement.

S'efforcer de repousser le candidat ministériel de 1837 en lui substituant le candidat ministériel de

1834, si c'est là de l'opposition, il faut reconnaître du moins qu'elle n'a rien de trop violent, et l'on peut raisonnablement espérer que le ministère ne songera ni à s'effrayer ni à s'aigrir de si vigoureuse démonstration.

Electeurs patriotes, détournez votre attention d'une lutte qui ne peut vous intéresser. N'avez-vous point de sentiments qui vous soient propres à manifester ? n'avez-vous point de profession de foi à faire ? Partout l'opinion nationale développe une patriotique énergie : dira-t-on que dans notre arrondissement elle a cessé d'exister ?

L'illustratian la plus populaire qui nous reste des grands souvenirs de l'empire, le général Sourd, a long-temps vécu parmi nous. Enlevé dans la force de l'âge, dans toute la puissance de ses facultés, à l'armée, dont il était une des plus belles gloires ; ravi à l'affection profonde, à la respectueuse vénération dont notre population tout entière était pénétrée pour lui, vous savez tous si jamais plus de modestie s'allia à plus d'élévation ; si, dans lui, les vertus du citoyen sont au niveau de l'intrépidité du soldat. Sorti des rangs du peuple, de ce peuple que ses nobles instincts de liberté et d'honneur national n'ont jamais trompé, il rapporte tout à ce peuple en qui seul la patrie n'a jamais rencontré ni faiblesse ni trahison. Lorsqu'au souvenir de nos grands désastres se mêlait dans sa mémoire le souvenir de si coupables défections, le général Sourd consolait sa douleur en songeant à l'inébranlable fidélité des soldats, ce peuple de l'armée.

« Colonel Sourd, lui disait Napoléon à son retour
» de l'île d'Elbe, vous aurez beaucoup à faire pour
» rester à la hauteur de vos exploits passés. —
» Sire, je ferai plus ! » Et, à quelques jours de là, sur le champ de notre irréparable infortune, fidèle à son héroïque promesse, il surpassa tout ce que l'empereur avait jugé si difficile à égaler.

Partisans des institutions démocratiques, donnez votre voix à celui qui, sous les insignes du commandement, porte un cœur ami de l'égalité ; vous, pour qui la dignité nationale est le premier des biens, nommez celui qui, tant de fois, prodigua son sang pour la défendre et la conserver.

On assure qu'un certain nombre d'électeurs ont résolu de ne point se présenter, ne voulant ni deviner ni choisir. Ce qui, en d'autres temps, pourrait être incurie ou dedain, serait aujourd'hui trahison. La France réclame de vous la manifestation de vos principes populaires ; en portant vos suffrages sur l'illustre général, vous témoignez encore que ces principes, si profondément gravés dans vos âmes, ne répondraient point à tous les besoins et à tous les vœux de la patrie, s'ils n'étaient ennoblis par la gloire et garantis par la puissance.

Quelque restreint que puisse être votre nombre,

n'hésitez pas à donner au général Sourd un gage éclatant de votre admiration et de vos regrets.

Honorez en lui le peuple, auquel il tient par son origine et par toutes ses affections.

Honorez en lui l'armée, qui le regrette, et dont il était l'orgueil.

Rendez hommage au principe, trop souvent méconnu, mais toujours sacré, de l'indépendance nationale, dans un de ses derniers et de ses plus courageux défenseurs.

EXTRAIT DU CONSTITUTIONNEL

Du 9 septembre 1830.

Lorsque des hommes depuis long-temps à la retraite réclament leur rentrée dans les cadres de l'armée active, on aime à voir des braves dans la force de l'âge mettre avant leur intérêt personnel le grand intérêt de la patrie, et faire abnégation de leurs titres incontestables à l'avancement pour rester dans des grades où ils reconnaissent qu'ils peuvent servir plus utilement le pays et la cause de la liberté.

Le colonel Sourd, après avoir fait l'éloge de la discipline du régiment de lanciers dont le commandement vient de lui être confié, écrit à un de ses amis :

« A la tête de mon régiment, je puis rendre de grands services à ma patrie. Mon honneur m'ordonne de recommencer ma carrière, et je désire vivement conserver pendant deux ou trois ans le commandement du corps à la tête duquel je viens d'être placé, persuadé qu'il me sera facile de lui donner la force et la discipline, qui nous rendirent si redoutables. Au temps de notre gloire militaire, sur le champ de bataille de Waterloo, où j'ai laissé mon bras, le grand Napoléon me nomma général ; la fortune de cet homme extraordinaire l'ayant abandonné, j'ai dû subir le même sort, et je suis décidé à refuser aujourd'hui toute espèce d'avancement. »

EXTRAIT DU CAPITOLE

Du 7 août 1839.

Ecoutez : Il y a parmi les soldats de l'armée française un de ces hommes qui nous semblent caractériser une idée. C'est un ancien colonel, devenu général malgré lui, qui, après des exploits dont le nombre suffirait pour honorer un régiment entier, vint, comme tant d'autres, payer son tribut de sang aux plaines de Waterloo. Blessé, il combattait encore ; réduit à tomber contre une borne, il criait encore : « En avant ! » et électrisait cette foule de braves habitués à sa noble voix ; mutilé, il vit enterrer son bras avec tous les honneurs militaires, et une heure après l'amputation il commandait intrépidement une charge de cavalerie.

Telle fut la journée du général Sourd à Waterloo. Que venez-vous nous parler de Léonidas et de sa valeur antique ?

Eh bien ! cet homme, ce soldat, qui sèche ses blessures, enterre son bras, et retourne au canon, il est là, vivante image de notre France. Ecrivains et journalistes d'opinions et de partis divers, qui êtes-vous, comparés à de tels hommes !

Agrandissez maintenant la figure, et voyez la patrie elle-même, blessée, mutilée, arrosant de son sang le pays qui lui appartient, et que la violence lui arrache ; commandez-lui, à cette patrie enfin ressuscitée, de rester immobile quand sa force est reconnue, quand sa vigueur répond à son courage ! Sa voix vous répondra : « Que m'importent tous vos ministres, vos systèmes et vos partis ! Laissez au bas empire le souvenir de ses querelles fatales ; soyez Français d'abord, avant de songer à vos intérêts personnels ; reprenez aux yeux des peuples votre puissance et votre gloire ; rendez à votre pays sa force, son indépendance et sa dignité ! »